D1719188

PRAG

DIE GOLDENE STADT

VITALIS

PRAG

DIE GOLDENE STADT

Ein Bildband
mit Fotografien von Julius Silver
und Texten von Harald Salfellner

VITALIS

INHALT

LINKS: Blick über die Moldau auf Kleinseite und Hradschin.

VORIGE DOPPELSEITE: Blick von der Burgrampe auf die Altstadt.

OBEN: Die Loretogasse in der Burgstadt.

FOLGENDE DOPPELSEITE: Die Burgstadt [Hradčany], wie sie vom Laurenziberg [Petřín] aus zu sehen ist.

DIE BURGSTADT

Die alte Kaiserburg, Hradschin genannt, und die angrenzende Burgstadt liegen auf einem langgestreckten, felsigen Hügel am linken Ufer der Moldau. Von „hrad", der tschechischen Bezeichnung für eine Burg, leitet sich der Name des ganzen Viertels ab. Zu diesem Stadtteil gehören neben dem ausgedehnten Burgareal auch die Königlichen Gärten mit dem Lustschloß „Belvedere" sowie die ehemaligen Burgvorstädte einschließlich des Klosters Strahov. In diesem vornehmen Quartier, in unmittelbarer Nähe des königlichen Hofes, errichteten die einflußreichsten Herren des Landes auf Augenhöhe mit der Majestät des Kaisers ihre Paläste: die Familien Martinitz, Czernin und Lobkowicz, Rosenberg, Schwarzenberg und Dietrichstein. Als dann im 17. Jahrhundert die Bauplätze in der Burgstadt rar wurden, wichen die aristokratischen Bauherren auf die Kleinseite unterhalb der Burg aus.

Die Anfänge des Hradschins gehen ins 9. Jahrhundert zurück, als der erste christliche Přemyslidenfürst Bořivoj I. seine Residenz von Levý Hradec nach Prag verlegte (875). In der mit Erdwällen und einem Graben bewehrten Holzburg wurde anno 890 eine der heiligen Jungfrau geweihte Steinkirche errichtet. Bořivojs Sohn Vratislav I. ließ 920 an der Stelle der heutigen St. Georgsbasilika ein weiteres Gotteshaus errichten. Nach der Gründung eines eigenständigen Prager Bistums (973) unter Boleslav II. wurde die Burg Bischofssitz. Im 14. Jahrhundert bestimmt der Luxemburger Kaiser

Karl IV. die seit den Zeiten Přemysl Otakars II. verfallende Burg zum Mittelpunkt des Heiligen Römischen Reiches. Als Prag 1344 zum Erzbistum erhoben wurde, sorgte er für den Bau des Veitsdoms, einer gotischen Kathedrale inmitten der kaiserlichen Burg.

Nach Jahren des Niedergangs im Gefolge der Hussitenkriege zogen im ausgehenden 15. Jahrhundert die jagiellonischen Könige erneut mit glanzvollem Leben und Treiben auf die Burg, da sie sich nach den Prager Aufständen von 1483 in dem ungeschützten Königspalast in der Stadt nicht mehr sicher fühlen konnten.

Das seit 1526 regierende Geschlecht der Habsburger legte Gärten an, führte das Lustschloß „Belvedere" im Renaissancestil auf und verwandelte die unwirtliche Burg nach und nach zu einem behaglichen Herrschersitz.

Der für Kleinseite und Burgstadt verheerende Stadtbrand von 1541 schlug tiefe Breschen ins damals noch mittelalterliche Stadtbild. Zugleich aber verhalfen die in der Folge nötigen Auf- und Umbauten der sich bereits ankündigenden Renaissance auch in der Burgstadt endgültig zum Durchbruch.

Eine neuerliche Blütezeit erlebte die Burg unter Rudolf II., dem legendären Kaiser, der Prag ein letztes Mal zum kulturellen und politischen Mittelpunkt des Reiches machen sollte. Der Sammler, Kunstmäzen und Bauherr befahl eine Reihe von Erweiterungen (z. B. den Nordflügel mit dem Spanischen Saal

7

und der Rudolf-Galerie) und ließ im tiefen Graben hinter der Burg (Hirschgraben) ein Hochwildgehege anlegen, ferner den steinernen Löwenhof, eine Fasanerie, einen Fischteich und eine Sommerreitschule.

Dann das Schicksalsjahr 1618: Mit dem sogenannten Zweiten Prager Fenstersturz nahm vom Hradschin aus der Ständeaufstand seinen Lauf: aufgebrachte Rebellen stürzten die kaiserlichen Statthalter Jaroslav von Martinitz und Wilhelm von Slawata nebst ihrem Secretarius Philippus Fabricius aus einem Fenster der Böhmischen Kanzlei. Im Zuge des aufflackernden Dreißigjährigen Krieges wurde die Burg von sächsischen und schwedischen Truppen besetzt. Wertvolle Kunstschätze der weltberühmten rudolfinischen Sammlungen gingen damals verloren oder wurden zerstört.

Im Zusammenhang mit den Erbfolgekriegen Maria Theresias wurde die Burg im 18. Jahrhundert mehrmals bei Belagerungen beschädigt (1741 durch ein französisch-sächsisches Heer, 1744 und 1757 durch die Preußen). Aber die Burg sah auch rauschende Feste: die Feierlichkeiten anläßlich der Krönung Karls VI. zum König von Böhmen (1723), die Heiligsprechung des Johannes von Nepomuk (1729) und auch die Inthronisation Maria Theresias (1743), der nach erbitterten Kämpfen um die Erbfolge endlich siegreichen und umjubelten Kaiserin.

Hatte Kaiser Rudolf II. das gesamte Viertel zur königlichen Stadt erhoben, so gliederte etwa 150 Jahre später Maria Theresia diese „Burgstadt" als viertes Quartier in das wachsende urbane Gefüge.

Unter der Regentschaft ihres Sohnes, des reformfreudigen Kaisers Joseph II. wurden nicht nur traditionsreiche Klöster wie das Georgskloster auf der Burg aufgelassen, sondern auch kostbare weltliche Kulturgüter zerstört, etwa durch die Einquartierung von Truppen in das königliche Lustschloß, das große Ballhaus oder in die königliche Reitschule. Auch die letzten Reste der rudolfinischen Sammlungen kamen unter Joseph II. unter den Hammer. Als die Habsburger ihre Residenz endgültig an die Donau verlegten, sank Prag ab zu einer Provinzstadt der österrei-

chischen Erblande. Nur einmal noch sollte ein Kaiser auf der in Dornröschenschlaf versunkenen Prager Burg walten: der glücklose Ferdinand I. von Österreich, wohlwollend „der Gütige" genannt, der nach seinem Abdanken im Revolutionsjahr 1848 in der Abgeschiedenheit des Hradschins seinen Ruhesitz fand.

Nach 1918 zog der Präsident der jungen Tschechoslowakischen Republik, Tomáš Garrigue Masaryk, mit Glanz in die alte Kaiserburg und machte sie zum obersten Verwaltungssitz des Landes. Unter Masaryk wurde der gesamte Hradschin aufwendig ausgebaut und den Erfordernissen einer repräsentativen Präsidialkanzlei angepaßt. Eine besondere Rolle kam dabei dem slowenischen Architekten Josip Plečnik zu, den Masaryk in slawischer Verbundenheit an die Moldau holte und der 1920 mit der Umgestaltung der Burggärten und -höfe sowie der Wohnung und der Repräsentationsräume des Präsidenten begann.

Unter wechselnden Vorzeichen ist die Prager Burg bis heute Amtssitz des höchsten Repräsentanten des tschechischen Staates geblieben.

Anno 1148 ließ König Vladislav I. auf einem Ausläufer des Laurenziberges vor den Toren der Stadt eine Klosteranlage errichten (Bildhintergrund). Im Laufe der Jahrhunderte, nach zahlreichen Umbauten

und Erweiterungen, wuchs das Prämonstratenserkloster Strahov zu einem der bedeutendsten geistlichen Zentren und reichsten Abteien des Landes, zu einem Ort der Wissenschaften und Künste.

OBEN: Neben dem älteren Theologischen Saal gehört der Philosophische Saal der barocken Bibliothek des Prämonstratenserklosters Strahov zu den wertvollsten Büchereien des Landes. Über zwei Stockwerke mit prunkvollen Regalen aus Nußholz wölbt sich die von Franz Anton Maulbertsch 1794 gemalte Decke, auf der die geistige Entwicklung der Menschheit gezeigt wird.

OBEN: Das barocke Loreto-Heiligtum, eine wichtige Pilgerstätte und sakrale Kunstkammer, wurde 1626 von der böhmischen Gräfin Benigna Katherina von Lobkowicz gegründet. Dem vor 1695 errichteten achteckigen Glockenturm wurde 1721/22 die anmutige, mit reichem plastischen Schmuck versehene Westfassade von Kilian Ignaz Dientzenhofer zugebaut.

FOLGENDE DOPPELSEITE: Blick auf die winterliche Burg mit Veitsdom und Burgflügel aus dem 18. Jahrhundert. Links der Bildmitte das im Renaissancestil errichtete Palais Schwarzenberg, davor Häuser der Burgstadt.

Die Neue Welt

Im 16. Jahrhundert entstand im nördlichen Randbereich der Hrad-
schin-Vorstadt, über dem Graben des Brusnitzbaches [Brusnice], eine
ärmliche Siedlung: die „Neue Welt". Obwohl die Häuschen dieses
Gäßchens im Lauf der Jahrhunderte mehrmals niederbrannten, hat
der Bezirk seinen romantischen Reiz bewahren können.

Die in der Neuen Welt lebenden Menschen waren bestimmt
nicht begütert, aber immerhin hatten sie ein Dach über dem Kopf.
Was Wunder, wenn sie ihre Behausungen mit der stolzen Beifügung
„golden" versahen! Mittlerweile hat sich das malerische Viertel zu
einem vornehmen Künstlerquartier gewandelt, dessen Stille in an-
genehmem Gegensatz zum lebhaften Treiben im Goldenen Gäßchen
steht.

Durch ein schmiedeeisernes Tor gegenüber der Reitschule gelangt man in die Königlichen Gärten. In der gepflegten Grünanlage befindet sich das Königliche Ballhaus, ein in den Jahren 1567-1569 von Bonifaz Wohlmut errichteter ehemals offener Loggienbau, der vor allem für Ballspiele gedacht war.

In einer Bauzeit von mehr als zwei Jahrzehnten wurde ab 1538 das prachtvolle Sommerschloß Belvedere erbaut, als Geschenk Kaiser Ferdinands I. an seine Gemahlin Anna Jagiello. Das architektonische Juwel im Stil lombardischer Renaissance dient heute Ausstellungszwecken.

Das Palais Schwarzenberg wurde um die Mitte des 16. Jahrhunderts für Johann Graf Lobkowicz im Florentiner Stil errichtet. Erst 1719 gelangte es in das Eigentum der Adelsfamilie Schwarzenberg. Der Palast mit seinem charakteristischen Fassadenschmuck gilt als einer der schönsten Renaissancebauten in Prag.

Seit 1562 residieren die Prager Erbischöfe im Erzbischöflichen Palais auf dem Hradschiner Platz. Das Renaissancegebäude erfuhr im 17. Jahrhundert seine spätbarocke Umgestaltung; damals wurden auch die Statuen von Ignaz Franz Platzer über der wappengeschmückten Fassade aufgesetzt.

Regungslos stehen die Posten der Burgwache unter ringenden Giganten aus Stein.

DER HRADSCHIN

Seit mehr als tausend Jahren steht die Prager Burg symbolhaft für das Geschick des ganzen Landes. Die Schlüssel zum Hradschin sind mit den Jahrhunderten durch die Hände einer illustren Reihe von Fürsten, Königen, Kaisern, Präsidenten und Usurpatoren gewandert, und fast jeder hat in der Festungsanlage charakteristische Male seiner Regentschaft hinterlassen.

Den sogenannten Ehrenhof betritt man durch ein von zwei Gardesoldaten bewachtes schmiedeeisernes Tor mit den Monogrammen der Kaiserin Maria Theresia und ihres Sohnes Joseph II. Die kämpfenden Giganten hat der Prager Rokokobildhauer Ignaz Franz Platzer in den 1760er Jahren gemeißelt. Zu Beginn des 20. Jahrhunderts wurden die alten Statuen durch Kopien ersetzt.

Die Gebäudeflügel stammen aus der zweiten Hälfte des 18. Jhs. und markieren in ihrer Nüchternheit den Schlußpunkt des Prager Barock. Damals, nach dem Siebenjährigen Krieg gegen Preußen, betraute Kaiserin Maria Theresia den Wiener Oberhofarchitekten Nicolaus von Pacassi mit dem Umbau der „Königlichen Hofburg".

Das Matthias-Tor (1614) gilt dagegen als frühestes Beispiel des Prager Barock. Kaiser Matthias I. betraute den berühmten italienischen Baumeister Giovanni Maria Filippi mit der Fertigstellung des Baus. Der theresianische Architekt Pacassi ließ das Tor der ehemaligen Festungsanlage später in den neuen Eingangstrakt integrieren. Die schlanken Fahnenmasten von Josip Plečnik stammen aus der Zeit der ersten Tschechoslowakischen Republik.

Von der Durchfahrt zum Zweiten Burghof aus weist rechterhand eine Prunktreppe zu den Repräsentationsräumen, den ehemaligen kaiserlichen Gemächern. Auf der linken Seite führt eine neuere Treppe in eine von Josip Plečnik entworfene Säulenhalle. Von hier aus gelangt man in weitere Prunkräume, den Rothmayer-Saal, den Spanischen Saal und in die Rudolf-Galerie. Die meisten Repräsentationsräume in der Burg sind der Öffentlichkeit aber nicht zugänglich. Nur auserwählten Besuchern und besonderen Staatsgästen werden die diversen Gesellschaftssalons und Repräsentationssäle gezeigt.

Der frühbarocke Sandsteinbrunnen im zweiten Burghof stammt von dem Prager Steinmetzen Hieronymus Kohl und dem Italiener Francesco Bartolomeo della Torre. Als Aufbewahrungsstätte für den Domschatz diente einst die nur einen Steinwurf entfernte Heiligkreuzkapelle, in spätbarocken Formen von Anselmo Lurago nach Plänen des Hofarchitekten Nicolaus Pacassi errichtet.

Im dritten Burghof, dem Herzen der ganzen Burganlage, lockt neben dem Veitsdom und der Georgskirche vor allem der alte Königspalast zu eingehender Besichtigung. Neben dem kreuzgewölbten Wladislaw-Saal mit seiner Reitertreppe, den Räumen der Neuen Landtafeln, dem Landtags-Sitzungssaal und den romanischen und gotischen Palastgeschoßen

fesselt die Böhmische Kanzlei mit dem wohl berühmtesten Fenster des Landes den historisch interessierten Besucher.

Der Hradschin mit dem St. Veitsdom aus der Vogelperspektive. Links im Hintergrund das Schloß Troja zu Füßen berühmter Weingärten.

Bunt mischen sich nach rund siebenhundert Jahren Bauzeit die Stile an der Fassade des Veitsdoms – vom gotischen Chor über den Renaissanceturm und die barocke Turmhaube bis zum neugotischen Westwerk.

DER ST. VEITSDOM

Im 11. Jahrhundert wurde auf dem Burggelände an der Stelle einer romanischen Rotunde eine dreischiffige Basilika errichtet, die als Krönungs- und Grabkirche für die přemyslidischen Könige gedacht war.

Kaiser Karl IV. betraute dann 1344 den französischen Architekten Matthias von Arras mit dem Bau einer neuen gotischen Kathedrale. Nach dessen unerwartetem Tod im Jahr 1352 setzte der Schwabe Peter Parler das Werk mit wesentlich veränderter Grundkonzeption fort. Im Gefolge der Hussitenkriege ab 1419 kamen die Bauarbeiten jedoch zum Erliegen. Die Kathedrale konnte erst zu Beginn des 20. Jahrhunderts durch die Dombaumeister Kamil Hilbert und Josef Mocker in neugotischer Manier fertiggestellt werden. Die Domweihe des 124 Meter langen Gotteshauses wurde 1929 festlich begangen.

Die figurengeschmückte Westfront der Kathedrale wird von zwei 82 Meter hohen neugotischen Türmen überragt. Durch drei detailreich gestaltete Portale mit reliefgeschmückten Bronzetüren betritt man das Innere der Bischofskirche.

Von der südseitig gelegenen Hasenburg-Kapelle aus, gelangt man zu der Wendeltreppe in die oberen Turmgeschosse und zu den Glocken. Der Rundblick da oben ist einzigartig und lohnt die 285 Treppenstufen in dem engen Treppenhaus.

An der stark gegliederten südlichen Außenseite des Domes fällt der große, kupferbehelmte Glockenturm von St. Veit in die Augen. Der Renaissancebaumeister Bonifaz Wohlmut hat ihm seine charakteristische Dachform gegeben. Hinter einem Spitzbogenfenster mit einem vergoldeten Ornamentgitter hängt seit 1549 „Sigismund", die mit 16,5 Tonnen Gewicht schwerste Glocke des Landes.

Das gekrönte „R" über dem Fenster des Glockenturms erinnert an den legendären Habsburger Kaiser Rudolf II., dessen Schicksal so eng mit der Prager Burg verbunden ist. Unter dem Fenster sind drei steinerne Wappen in die Mauer eingelassen: links der doppelschwänzige böhmische Löwe, in der Mitte der Flammenadler des heiligen Wenzel (das ältere böhmische Wappentier) und rechts das Wappen des Prager Erzbischofs. Von zwei Zifferblättern mit je einem Zeiger kann man die Zeit ablesen: Das obere zeigt die vollen Stunden, das untere die Minuten und Viertelstunden.

Neben dem Glockenturm führt die weltbekannte Goldene Pforte (*Porta aurea*) ins Innere des Domes. Über drei Spitzbögen leuchtet in rund 30 Farbtönen ein Glasmosaik, das venezianische Kunsthandwerker im Auftrag Kaiser Karls IV. geschaffen haben. Das Mosaik gemahnt die Betrachter an das Jüngste Gericht und an die lodernden Flammen des Fegefeuers. Eine Abordnung böhmischer Schutzheiliger blickt zum Erlöser hinauf. Auch Kaiser Karl IV. und seine Gemahlin Elisabeth von Pommern wohnen dem Weltengericht bei.

LINKS: Das Dominnere leuchtet in den Farben zahlreicher bunter Glasfenster.

OBEN RECHTS: Das berühmte Mosaikfenster von Alfons Mucha.

UNTEN RECHTS: Der barocke, ganz aus Silber getriebene Sarkophag des Landesheiligen Nepomuk.

Der nächtliche St. Veitsdom (Chor mit Kapellenkranz).

OBEN: Hinter der Frührenaissance-Fassade der St. Georgskirche verbirgt sich die älteste Kirche von Prag. Im Hauptschiff der romanischen Basilika aus dem 12. Jahrhundert hat man přemyslidische Grabmäler aus dem Mittelalter aufgestellt, unter ihnen die markanten Tumba des 921 verstorbenen Kirchenstifters Vratislav I. In einer kunstvoll bemalten Chorkapelle ruht St. Ludmila, die Großmutter des Landesheiligen Wenzel. Die Steinfigur auf dem Grabmal erinnert an den Märtyrertod der frommen Frau, die anno 925 auf ihrem Witwensitz Tetín unweit der Stadt Prag überfallen und mit ihrem Schleier erdrosselt worden war.

LINKS: Die St. Georgsbasilika gesehen vom Turm des St. Veitsdomes. Im Hintergrund zwischen den Kirchtürmen ein Wehrturm der Burgbefestigung. Die Grundmauern der St. Georgsbasilika stammen aus dem 12. Jahrhundert, die Fassade, hinter der die romanischen Chortürme aufragen, ist jedoch frühbarock. Im Giebelfeld der Stirnseite hält der heilige Drachentöter Georg Wache, über dem Portal der barocken Nepomukkapelle ein Standbild des heiligen Johannes von Nepomuk.

31

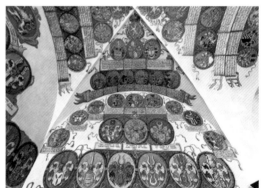

OBEN: Der um 1500 von Benedikt Ried geschaffene Wladislaw-Saal mit den kunstvoll verschlungenen, fast bis zum Boden reichenden Gewölberippen ist ein Juwel spätgotischer Baukunst und wird bis heute als repräsentativer Festsaal für Staatsbankette genutzt.

UNTEN LINKS: Die Böhmische Kanzlei im Inneren der Burg, wo der Dreißigjährige Krieg mit dem berühmten Prager Fenstersturz seinen Anfang nahm.

UNTEN RECHTS: Wappenschmuck im Saal der Neuen Landtafeln, einer Art grundbücherlicher Evidenz.

Abendliche Stimmung auf der Burg: Blick ins St. Georgs-Gässchen. Rechts der Eingangspavillon zum ehemaligen Edeldamenstift, einem von Kaiserin Maria Theresia gegründeten Erziehungsinstitut für adelige Fräulein. Die Greife über dem Säulengebälk fassen eine Wappenkartusche mit einem Relief der Jungfrau Maria.

DAS GOLDENE GÄSSCHEN

Mit der mittelalterlichen Wehrmauer über dem Talgraben des Brusnitzbaches hinter der Burg schuf Wladislaw Jagiello die architektonischen Grundlagen für einen kleinen, malerischen Gassenzug: das Goldmachergäßchen. In den unter der Wehrmauer entstandenen Behausungen lebten im 15. Jahrhundert wohl Goldschmiede, weshalb sich damals der Name „Goldschmiedegasse" einbürgerte. Kaiser Rudolf II. ließ diese armseligen Hütten und Häuser schleifen und gestattete in der Folge 24 seiner Burgschützen, sich in den blinden Arkaden unter dem Wehrgang Kammern einzurichten.

Der wohl berühmteste Bewohner des Goldenen Gäßchens war Franz Kafka, der sich 1916/17 für einige Monate im Häuschen Nr. 22 einquartierte und unter anderem die Erzählungen für den Prosaband *Ein Landarzt* verfaßte. Ihm zu Ehren ist hier eine kleine Buchhandlung eingerichtet.

OBEN UND GEGENÜBERLIEGENDE SEITE: Einige Häuschen des Goldenen Gäßchens sind heute als Miniaturlädchen für die Besucherschar eingerichtet, in anderen wurden mit viel Phantasie die Quartiere der einstigen Bewohner rekonstruiert.

FOLGENDE SEITE: Auf dem oberen Teil des Kleinseitner Ringplatzes steht seit 1715 eine frühbarocke Dreifaltigkeitssäule von Giovanni Battista Alliprandi, die an überstandene Pestgefahren erinnern soll.

DIE KLEINSEITE

Die engen Gassen, Plätze und Gärten dieses malerischen Stadtviertels liegen zu Füßen zweier dominierender Hügel: Der Burgberg mit dem Hradschin begrenzt die Kleinseite nach Norden, der bewaldete Laurenziberg bildet den Abschluß nach Süden zu.

Erste Siedlungsspuren auf der Kleinseite lassen sich im Bereich der heutigen Brückengasse und auf dem Kleinseitner Ring bis ins erste nachchristliche Jahrtausend zurückverfolgen. Im Jahr 1257 gründete der Přemyslide Otakar II. schließlich die „Kleinere Stadt Prag", ließ sie befestigen und mit einer Mauer versehen. Kaiser Karl IV. erweiterte das Stadtviertel an seinem Südrand bis zum Laurenziberg und verstärkte den Befestigungsgürtel 1360 durch die sogenannte Hungermauer.

Als strategisches Vorfeld zur Verteidigung der Burg wurde die Kleinseite während der Hussitenkriege mehrfach verwüstet. Gezielt schleiften die Streitparteien die Bauten des Viertels, damit der Feind hier nicht Deckung finden könne. Besonders nach der Einnahme der Prager Burg durch die Hussiten am 7. Juli 1421 war das Stadtviertel ein Trümmerfeld. Erst nach langen Jahren konnten die Ruinen der Kleineren Stadt Prag von der arg dezimierten Bürgerschaft erneuert und instandgesetzt werden.

Als König Wladislaw Jagiello den Königssitz 1484 von der Altstadt auf die Burg verlegte, drohte der Kleinseite aus ihrer Vorfeldfunktion erneut Ungemach. Nicht nur unter der Geißel des Krieges hatten die geplagten Bürger zu leiden: In den Nachmittagsstunden des 2. Juni 1541 brach auf dem Kleinseitner Ring ein Feuer aus, das schnell um sich griff und sich alsbald zur verheerendsten Feuersbrunst in der Prager Stadtgeschichte ausweitete. Diese Brandkatastrophe von 1541, die zwei Drittel der Kleinseitner Häuser und auch große Teile der Prager Burg in Schutt und Asche legte, veränderte das Erscheinungsbild des Viertels grundlegend. Die Brandruinen wurden im Stil der damals blühenden Renaissance aufgebaut, und selbst die vom Feuer verschonten Gebäude wurden jetzt dem Geist der Zeit entsprechend umgebaut.

Unter dem Zepter der Habsburger, das nach der Schlacht am Weißen Berg unangefochten herrschte, mauserte sich die Kleinseite zu einem feudalen Wohnviertel. Zwar hatten viele glücklose protestantische Adelige die Stadt verlassen müssen, aber katholische Aristokraten traten an ihre Stelle und ließen sich bevorzugt in unmittelbarer Nähe zur Kaiserburg nieder. Auf der Kleinseite errichteten sie Paläste und Herrensitze, und in den stillen Gassen verwirklichten sie ihre Vorstellungen von einer repräsentativen Lebensführung.

Nach dem Elend des Dreißigjährigen Krieges war eine neue Zeit angebrochen, deren Selbstverständnis sich in den üppigen Formen barocker Architektur widerspiegelte. Innerhalb einer einzigen Generation entstanden Dutzende bedeutende Bau- und Kunstdenkmäler. Die Barockära

sollte das Antlitz der Kleinseite bis in unsere Tage prägen.

Mit dem ausgehenden 18. Jahrhundert jedoch waren die Tage barocker Herrlichkeit gezählt, die katholische Vorherrschaft begann zu bröckeln, der Adel verlor seine Vormachtstellung an das erstarkende, im Zuge der Industrialisierung zu Einfluß und Reichtum gelangte Bürgertum.

Obwohl die Kleinseite 1784 mit den drei anderen historischen Prager Städten zur Großstadt vereint wurde, hat sie ihren dörflichen Charakter bewahren können. Verwinkelte Gassen, stolze Paläste, duftende Gärten und stille Kirchen: Die Kleinseite ist das leise Herz der pulsierenden Stadt.

LINKS: Zu den Kennzeichen der Keinseite gehört der spitze Kirchturm der St. Thomaskirche (links), die barocke Kuppel und der Kirchturm von St. Nikolaus (Bildmitte) sowie hoch über den Dächern der Aussichtsturm auf dem Laurenziberg (rechts). Im Vordergrund steigen die Gärten der Adelspaläste zum Burgberg hin an.

Die Prager Burg überragt die idyllische Kleinseite; im Vordergrund ist die Einmündung des Teufels-
baches [Čertovka] in die Moldau zu erkennen.

Ansicht der Kleinseite, im Bildhintergrund das Kloster Strahov, links die Ausläufer des bewaldeten Laurenzibergs.

Blick auf die Kleinseite mit der St. Thomaskirche und dem von erneuerten Renaissancetürmen bekrönten Kleinseitner Rathaus. Im Bildhintergrund die Karlsbrücke mit den Kleinseitner Brückentürmen.

44

Gartenansicht des Palais Lobkowicz auf der Kleinseite. Hier trugen sich 1989 die dramatischen Szenen der Massenflucht tausender DDR-Bürger zu.

Mit seinen 322 Metern hat der Laurenziberg, ein am linken Moldauufer ansteigender Hügel in unmittelbarer Nachbarschaft zum Burgberg, eine moderate Ausflugshöhe. Auf dem Kamm des Laurenziberges findet sich manche Sehenswürdigkeit – eine Sternwarte, ein Spiegelkabinett, herrliche Rosengärten und eine Reihe von Standbildern zu Ehren verdienter Persönlichkeiten. Auf dem Gelände vor der 1735-1770 erbauten St. Laurentiuskirche befand sich im Mittelalter die Richtstätte.

Blick auf die Kleinseite mit den Brückentürmen und der Kirche „Maria vom Siege". Die ursprünglich protestantische Kirche erhielt ihren jetzigen Namen nach der Schlacht am Weißen Berg. Auf einem Seitenaltar auf der rechten Seite befindet sich das gnadenreiche Prager Jesulein. Die in kostbare Gewänder gehüllte Wachsfigur aus dem 16. Jahrhundert stammt aus Spanien und wird weltweit als wundertätig verehrt.

Die Malteserkirche „Maria unter der Kette" geht in ihren Fundamenten auf das 12. Jahrhundert zurück, als hier der Johanniterorden ein Spital unterhielt. Den Johannitern folgten bald schon die Malteser, die das zugehörige dreischiffige Gotteshaus im 13. Jahrhundert großzügig ausbauen ließen.

Lange bevor die Prager begannen, ihre Häuser mit Nummern zu kennzeichnen, prangte auf fast jedem Gebäude ein sogenanntes Hauszeichen. Besonders auf der Kleinseite finden sich immer noch viele dieser heute liebevoll gepflegten Kleinkunstwerke.

Das im 15. Jahrhundert erbaute Kleinseitner Rathaus war bis zur Zusammenlegung der Prager Städte anno 1784 Sitz der Kleinseitner Selbstverwaltung. Den Pragern ist das Gebäude vor allem als „Malostranská beseda" bekannt, und als Heimstätte eines legendären Musikclubs. Die im 19. Jahrhundert entfernten Türme konnten in jüngster Zeit originalgetreu wiederhergestellt werden.

Der Kleinseitner Ring wird von der imposanten St. Nikolauskirche mit ihrer grünspangrünen Kuppel und dem 79 Meter hohen Glockenturm beherrscht. Die Kirche ist die bedeutendste Schöpfung des Prager Hochbarock und wurde ab 1673 im Auftrag des Jesuitenordens errichtet. Mit 1.500 m² Bildfläche ist das Deckenbild im Langhaus eines der größten Fresken in Europa.

Die Kuppel der Kleinseitner St. Nikolauskirche wird Kilian Ignaz Dientzenhofer zugeschrieben, der das Werk seines Vaters Christoph fortführte. Franz Xaver Palko malte die Kuppel 1752/53 mit Darstellungen von Gottvater, Christus, Engeln, Aposteln und den Kirchenvätern aus.

Barocke Herrlichkeit im Inneren der St. Nikolauskirche auf der Kleinseite: Über dem Hauptaltar eine vergoldete, von Puttos umschwirrte Kupferstatue des heiligen Nikolaus, die 1765 nach einem Modell von Ignaz Franz Platzer gefertigt wurde.

Die Nerudagasse

Links: Die Nerudagasse ist ein uralter Fahrweg vom Kleinseitner Ring hinauf zur Burg. Ihren Namen trägt die steile Gasse nach dem bedeutenden tschechischen Dichter Jan Neruda, der im Haus „Zu den Zwei Sonnen" lebte. Neruda begegnete hier jenen Originalen, die er dann in seinen *Kleinseitner Geschichten* verewigte. In älteren Zeiten trug der Straßenzug nach dem hier ansässigen Gewerbe der Sporner den Namen „Spornergasse".

Unten: Blick in die Neruda-Gasse (rechte Bildseite) und auf die zum Hradschin führende Burgrampe (linke Bildseite).

DIE KARLSBRÜCKE

Die gotische Karlsbrücke zählt zu den bedeutendsten Monumenten mittelalterlicher Baukunst in Böhmen. Bereits im 9. Jahrhundert soll sich an dieser Stelle eine Überfuhr befunden haben, die spätestens 1118, wie der berühmte böhmische Chronist Cosmas berichtete, von einer hölzernen Brücke ersetzt wurde. Im Jahr 1158 trat dann eine erste steinerne Brücke anstelle der Holzkonstruktion. Diese festgefügte Judithbrücke diente den Pragern fast zwei Jahrhunderte, ehe sie 1342 einem Hochwasser zum Opfer fiel.

Zu einem von den kaiserlichen Hofastrologen exakt ausgependelten Zeitpunkt – im Jahre 1357, am 9. Tag des 7. Monats, um 5:31 Uhr – legte dann Kaiser Karl IV. den Grundstein zum Bau einer neuen Brücke, die sich schon bald mit sechzehn Bögen und um fünf Meter höher als ihre Vorgängerin über die Moldau spannte. Architekt und Baumeister war der junge Peter Parler aus Schwäbisch Gmünd. Bis ins 19. Jahrhundert sollte diese „Steinerne Brücke" die einzige Verbindung zwischen der Prager Altstadt und der Kleinseite bleiben.

Die Legenden über die Festigkeit des Bauwerks, die der Volksmund zu erzählen weiß, konnten den Einsturz der Karlsbrücke nicht verhindern: Am 4. September 1890 hielten der 6. und 7. Bogen den hohen Wassern und dem Treibgut nicht mehr stand – Statuen stürzten in die Tiefe, zwei Menschen ertranken in den Fluten. Ganze zwei Jahre war die Brücke damals gesperrt!

Auch manches geschichtlich denkwürdige Ereignis hat sich auf der Karlsbrücke zugetragen, etwa im Dreißigjährigen Krieg der heldenhafte Kampf der Prager gegen die vorrückenden Schweden. Ein Gutteil des wertvollen Fassadenschmucks auf dem Altstädter Brückenturm wurde durch schwedischen Beschuß zerstört, aber noch vor dem Kreuz auf der Brücke mußten die nordischen Landsknechte zum Rückzug auf die Kleinseite blasen.

Die erste der insgesamt dreißig Brückenfiguren wurde 1657 aufgestellt: das gußeiserne Kruzifix, dem 1696 eine hebräische Aufschrift beigefügt wurde. Das zweite Standbild war dann die 1683 in Nürnberg gegossene Bronzestatue des heiligen Nepomuk. Von hier aus nahm der Nepomukkult seinen Ausgang, der sich bald über Böhmen hinaus in ganz Europa verbreitete: Ungezählte Statuen und Bildnisse des frommen Mannes wachen seitdem an Brücken und Übergängen und künden von dem grausamen Martyrium des böhmischen Heiligen auf der Prager Bruck'.

LINKE SEITE: Die „Steinerne Brücke" zu Prag, im Hintergrund die Türme der Altstadt.

FOLGENDE DOPPELSEITE: Die Lichter der Karlsbrücke und des Hradschins spiegeln sich in der abendlichen Moldau wider.

OBEN: Das Prager Stadtbild wird ganz wesentlich von der Moldau geprägt: Insgesamt 17 Brücken überspannen den Fluß, die bekannteste und älteste unter ihnen ist die Karlsbrücke.

LINKE SEITE: Anno 1683, fast dreihundert Jahre nach seinem Martyrium, wurde auf der Karlsbrücke das nach einer Vorlage von Johann Brokoff aus Bronze gefertigte Standbild des heiligen Johannes von Nepomuk aufgestellt. König Wenzel IV. hatte den frommen Mann von der steinernen Moldaubrücke in die Fluten stürzen lassen.

FOLGENDE DOPPELSEITE: Ein kleiner Traum, ehe der Tag anbricht – Brücke und Silhouette der Altstadt im Morgenlicht.

61

OBEN: Die beiden Kleinseitner Brückentürme an einem frostklirrenden Winterabend, dahinter die Kleinseitner St. Nikolauskirche.

RECHTE SEITE OBEN: Blick von der Karlsbrücke auf die stille Kampa.

RECHTE SEITE UNTEN: Ein klassisches Prager Motiv – Kleinseite, Karlsbrücke und Veitsdom im Winter.

FOLGENDE SEITE: Blick durch den Altstädter Brückenturm auf den Kreuzherrenplatz.

DIE ALTSTADT

In eine Flußbiegung eingebettet, halbkreisförmig von der Moldau umflossen und daher ideal geschützt, liegt die erste der vier historischen Prager Städte: die Prager Altstadt. Ihre Anfänge gehen zurück bis ins erste Jahrtausend christlicher Zeitrechnung – freilich gab es damals noch keinen Grund, den Marktflecken „Altstadt" zu nennen. Diese Bezeichnung bürgerte sich erst ein, nachdem der Luxemburger Karl IV. im 14. Jahrhundert die Neustadt gegründet hatte. Im direkt an das Moldauufer grenzenden nordwestlichen Bereich des Altstadtgebietes entwickelte sich seit dem Mittelalter die Prager Judenstadt.

Den Mittelpunkt der Altstadt bildet der Altstädter Ring mit seinen Dominanten Rathaus und Theinkirche. Die Gallusstadt, ein weiterer Siedlungskern, wuchs rund um die St. Galluskirche.

Im Zuge der Verwaltungsreform unter Kaiser Joseph II. wurden 1784 die Prager Städte Hradschin, Kleinseite und Neustadt mit der Altstadt vereinigt. Auf dem Altstädter Ring befand sich nunmehr das Rathaus der Stadt Prag.

Die Prager Altstadt hat noch im 20. Jahrhundert einschneidende Veränderungen erfahren, die dem Bezirk manches von seinem einstigen Reiz genommen haben, etwa die Sanierung der Prager Judenstadt (um 1900), der im nationalen Taumel bewirkte Sturz der Mariensäule vor dem Rathaus (1918) und die Vernichtung des neugotischen Rathausostflügels während der letzten Tage des Zweiten Weltkrieges (1945).

Trotz herber Verluste zählt die Altstadt aber immer noch zu den schönsten architektonischen Ensembles Europas.

Das Standbild Kaiser Karls IV., des Gründers der Karlsuniversität, auf dem Kreuzherrenplatz.

OBEN: Blick von der Belvedere-Höhe [Letná] auf die Prager Altstadt.

UNTEN LINKS: Der Novotný-Steg am Altstädter Ufer, links das Smetana-Museum.

UNTEN RECHTS: Blick vom Rathausturm auf das Häusermeer der Altstadt.

OBEN: Das Haus „Zum Goldenen Brunnen", die ehemalige päpstliche Nuntiatur am Königsweg.

FOLGENDE DOPPELSEITE: Blick vom Altstädter Brückenturm auf die Dächer und Türme der Altstadt.

DIE THEINKIRCHE

Die Kirche „Maria vor dem Thein" wurde in der Mitte des 14. Jhs. von Kaufleuten gestiftet. Die Bauleitung oblag der Dombauhütte Peter Parlers. Die mit je acht spitzen Seitentürmchen versehenen 80 Meter hohen Türme ragen aus dem Dächergewirr der Altstadt. Der arkadenartige Vorbau, der den Blick auf das Gotteshaus einschränkt, beherbergte im Mittelalter die berühmte „Theinschule". Während der Hussitenunruhen ruhten die Bauarbeiten. Erst der Wahlkönig Georg von Poděbrady ließ die Kirche vollenden und die beiden markanten Türme aufrichten. Zwischen 1419 und 1621 war die Theinkirche Hauptkirche der Hussiten. Auf dem Giebeldach war eine Statue Georgs von Poděbrady aufgestellt, der mit gezogenem Schwert als Verteidiger des Hussitenkelches dargestellt war. Bald nach der für die Katholische Liga siegreichen Schlacht am Weißen Berg wurde der Wahlkönig entfernt und der goldene Kelch zum Heiligenschein der nunmehr das Giebelfeld beherrschenden Madonnenfigur umgeschmolzen.

Im Inneren der Kirche befindet sich das Marmorgrab des bedeutenden Astronomen Tycho de Brahe. Eine lebensgroße Halbrelieffigur in voller Rüstung erinnert an den von Kaiser Rudolf II. im Jahr 1599 nach Prag berufenen Dänen.

OBEN LINKS: Die Aposteluhr [orloj] spiegelt das geozentrische Weltbild des Mittelalters wider: Nicht um die Sonne kreisen die Planeten, sondern um die Erde.

OBEN RECHTS: Das Haus des Verlegers und Buchhändlers Alexander Storch auf dem Altstädter Ring.

LINKE SEITE: Blick auf einen der schönsten Plätze Europas: Links der im Jahr 1364 erbaute Turm des spätmittelalterlichen Rathauses, rechts die Türme der gotischen Theinkirche.

Das Renaissancehaus „Zur Minute" weist eine Sgraffito-Fassade vom Beginn des 17. Jhs. auf. Der an der Gebäudeecke wachende Löwe ist das Firmensignum der ehemals hier eingerichteten Apotheke „Zum Weißen Löwen". In diesem Haus wohnte Franz Kafka während seiner Volksschuljahre.

Das Palais Kinsky (links) ist ein reifes Alterswerk Kilian Ignaz Dientzenhofers, nach dessen Tod fertig-gestellt von seinem Schüler Anselmo Lurago. In diesem Gebäude verbrachte die spätere Nobel-preisträgerin Bertha von Suttner (1843-1914) die ersten Jahre ihrer Kindheit. Franz Kafka besuchte das im Hinterhof untergebrachte k. k. Staatsgymnasium mit deutscher Unterrichtssprache und später betrieb in dem Palast Kafkas Vater ein Galanteriewarengeschäft.

Das rechterseits benachbarte dreigeschossige Turmhaus „Zur Steinernen Glocke" wurde in der zweiten Hälfte des 13. Jhs. auf den Fundamenten eines frühgotischen Wohnhauses errichtet. Heute werden hier Konzerte und Ausstellungen ausgerichtet.

LINKE SEITE: Die imposante Barockkirche St. Nikolaus in der Altstadt wurde 1732-1737 in unmittelbarer Nachbarschaft zum jüdischen Viertel erbaut. Sie ist ein Werk Kilian Ignaz Dientzenhofers.

OBEN: Im Inneren der Kirche ist ein prachtvoller Kronleuchter aus dem Riesengebirgsort Harrachsdorf [Harrachov] zu bestaunen, dazu ein großes Fresko, das die Legende vom heiligen Nikolaus erzählt.

OBEN: Der um 1370 erbaute gotische Prunkerker des Karolinums erinnert an die älteste Hochschule nördlich der Alpen.

RECHTS: Im Ständetheater fanden die Uraufführrungen bedeutender Opern statt, so etwa Mozarts *Don Giovanni* (1787) und *La clemenza di Tito* (1791).

OBEN: Der Smetana-Saal im Gemeindehaus. Hier wird jedes Jahr im Beisein des Präsidenten das klassische Musikfestival „Prager Frühling" mit Bedřich Smetanas Zyklus „Mein Vaterland" eröffnet.

RECHTS: Das Gemeindehaus neben dem gotischen Pulverturm und dem angrenzenden Graben [Na Příkopě]. Eine ganze Generation hervorragender tschechischer Künstler hat den Jugendstilpalast in ein verschwenderisch ausgestattetes Schaustück nationaler Größe und Kunstfertigkeit verwandelt.

Judenhut und Davidstern – Fassadenschmuck in der ehemaligen Prager Judenstadt.

DIE JUDENSTADT

Niemand kann genau sagen, wann die Juden nach Böhmen kamen, wo und in welcher Stärke sie sich ansiedelten; die Anfänge liegen im Dunkeln.

Aus den schriftlichen Quellen des frühen Mittelalters geht hervor, daß schon damals jüdische Kaufleute, Ärzte und Beamte in Prag lebten. Im 10. und 11. Jahrhundert sind mindestens zwei jüdische Siedlungen bezeugt, eine unter dem Hradschin und eine weitere am Vyšehrad.

Nach 1100 siedelte die jüdische Gemeinde in der Umgebung der Spanischen Synagoge (Altschul). Die weithin berühmte Prager Judenstadt, das ummauerte Ghetto in der Altstadt, entwickelte sich schließlich gegen Ende des 12. Jahrhunderts.

Eine bedeutende Blütezeit erlebte das Prager Judentum unter Rudolf II., als Mordechai Maisel, der mit irdischen Gütern gesegnete Hofbankier des Kaisers und Bürgermeister der Judenstadt, die Ghettogassen pflastern, verwaiste Bräute ausstatten, Bäder, Schulen, Synagogen und das berühmte Rathaus errichten sowie den Alten Jüdischen Friedhof „Beth-Chajim" (Haus des Lebens) anlegen ließ.

Etwa zur selben Zeit wirkte in der Prager Judenstadt der hohe Rabbi Löw – er sollte nicht nur als bedeutender Kabbalist und Theologe in die Geschichte eingehen, sondern auch als Schöpfer des sagenumwobenen Golem (zu deutsch etwa „Erdkeim"). Diese Schöpfung des Rabbi Löw soll den Juden in Zeiten der Verfolgung als Nothelfer zur Seite gestanden sein.

Zweimal wurde die gesamte jüdische Gemeinde aus ihrer Heimatstadt vertrieben: 1541 unter Kaiser Ferdinand I. und 1744 unter Kaiserin Maria Theresia, die per Dekret die Ausweisung aller Juden aus Böhmen verfügte. Drei Jahre nachdem die letzten Familien ihre Häuser verlassen hatten, sah die Monarchin sich allerdings zur Aufhebung des Vertreibungsediktes gezwungen.

Erst mit dem Erlaß eines Toleranzpatentes durch ihren Sohn Joseph II. besserte sich die Lage der Juden. Die Judenstadt, heute ihm zu Ehren „Josefstadt" genannt, verfiel allerdings infolge der nun einsetzenden Abwanderung begüterter Familien in vornehmere Stadtviertel. Zwielichtiges Volk ließ sich in dem Viertel nieder, üble Kaschemmen, Schnapsläden und Freudenhäuser prägten bald das Erscheinungsbild der Prager Judenstadt.

Bei der grundlegenden Assanierung, die etwa ab 1890, nach unzähligen Sitzungen und Beschlüssen, durchgeführt wurde, fiel den Spitzhacken auch ein großer Teil der historischen Bausubstanz zum Opfer. An die Stelle der winkeligen und dunklen Gassen der Armen traten die modernen Jugendstilpaläste einer wohlhabenden Bürgerschaft.

Die nationalsozialistischen Machthaber versetzten der jüdischen Gemeinde schließlich den Todesstoß: Allein im sogenannten Reichsprotektorat Böhmen und Mähren waren während der Besatzungsjahre zwischen 1939 und 1945 fast 80.000 Opfer zu beklagen.

OBEN LINKS: Das Jüdische Rathaus mit seinen beiden Uhren – einer hebräisch bezifferten am Dach, deren Zeiger wie die hebräische Schrift „rückwärts" laufen, und einer lateinischen am Turm. Im Rathaus befinden sich der Sitz des Rates der Jüdischen Kultusgemeinden, ferner ein ritueller Speisesaal sowie die Amtsräume der Prager Jüdischen Gemeinde.

RECHTE SEITE: Die Backsteingiebel der Altneusynagoge wurden erst im 15. Jahrhundert dem bestehenden Gebäude vorgeblendet. Dieses Gotteshaus ist die älteste immer noch ihrer Bestimmung dienende Synagoge in Europa.

DER ALTE JÜDISCHE FRIEDHOF

Der Alte Jüdische Friedhof zu Prag ist nach dem „Heiligen Sand" in Worms der zweitälteste noch bestehende „Judengarten" in Europa.

Über 12.000 Grabsteine sollen auf dem etwa 11.000 Quadratmeter großen Gelände übereinander geschichtet sein, die Toten wurden im Lauf der Jahrhunderte in bis zu zwölf Lagen übereinander bestattet. Der älteste Grabstein des Friedhofs (1439) erinnert an Avigdor ben Isaak Kara, den Chronisten des Prager Osterpogroms von 1389. Die bildhafte Darstellung eines Verstorbenen ist im jüdischen Glauben verboten, deshalb zieren Karpfen, Füchse, Löwen, Bären, Lanzetten, Bücher, Äxte, Kannen und dergleichen die Grabsteine und geben Auskunft über Namen, Beruf oder Herkunft des Beerdigten.

Zu den interessantesten Grabstätten gehören jene des reichen Primas der Judenstadt, Mordechai Maisel (gest. 1601), und die Renaissancetumba des Gelehrten Rabbi Jehuda Löw ben Bezalel (gest. 1609).

Das letzte Begräbnis fand hier 1787 statt, als aus sanitätspolizeilichen Erwägungen Bestattungen innerhalb der Stadtmauern untersagt wurden. Im damals lauschigen Vorort Strašnice legte man einen Neuen Jüdischen Friedhof an, wo die Verstorbenen der Prager jüdischen Gemeinde fortan ihre letzte Ruhestätte fanden.

LINKE SEITE: Giebel der Maisel-Synagoge in der gleichnamigen Gasse. Diese ebenfalls von Mordechai Maisel gestiftete Synagoge galt seinerzeit als prächtigstes Gebäude der Judenstadt. Der von zwanzig Säulen getragene Saalbau wurde um 1590 von Josef Wahl und Juda Goldschmied im Stil der Renaissance erbaut.

OBEN: Motive aus dem jüdischen Viertel: Prächtige Fassaden in der Pariser Straße [Pařížská], Jugendstilschmuck in der Karpfengasse [Kaprova].

Das Rudolfinum

Das 1880 von den Architekten Josef Zítek und Josef Schulz im Stil repräsentativer Neurenaissance erbaute Konzertgebäude führt seinen Namen nach dem unglücklichen Kronprinzen Rudolf von Habsburg, dem einzigen Sohn Kaiser Franz Josephs I. und Kaiserin Elisabeths, der 1889 auf Schloß Mayerling unter rätselhaften Umständen aus dem Leben schied.

In den Jahren 1918-1939 debattierten die Abgeordneten der tschechoslowakischen Nationalversammlung in dem Prachtbau, heute dient das Rudolfinum unter dem Namen „Haus der Künstler" wieder den Musen. Regelmäßig werden hier klassische Konzerte, etwa der Tschechischen Philharmonie veranstaltet, und auch das bekannte Musikfestival „Prager Frühling" hat hier seine Heimstatt gefunden. An der Balustrade erinnern Skulpturen an bedeutende Komponisten, unter ihnen auch Wolfgang Amadeus Mozart und Felix Mendelssohn-Bartholdy.

Blick über den Wenzelsplatz zum Brückl.

DIE NEUSTADT

Mit ihren mehr als 650 Jahren wird die 1348 von Karl IV. an der Stelle älterer Siedlungen gegründete Neustadt [Nové Město] ihrem Namen kaum mehr gerecht. Freilich ist sie jungfräulich, vergleicht man sie mit der Altstadt oder dem Hradschin, deren Anfänge jeweils ins erste nachchristliche Jahrtausend zurückreichen.

Kaiser Karl IV. gab der aus allen Nähten platzenden Stadt Prag mit dieser Gründung weitere Entfaltungsmöglichkeiten. Er bestimmte nicht nur den Verlauf der Straßen und Plätze, sondern schrieb auch die Lage der Kirchen vor, die aus Stein zu erbauen waren. Seine mittelalterliche Raum- und Verkehrsplanung genügte den verkehrstechnischen Ansprüchen bis ins 20. Jahrhundert hinein.

In einem weiteren Sinn hat die Neustadt bis heute sehr viel jugendhafte und lebendige Ausstrahlung bewahrt, oder besser, entwickelt: Hier spielt sich das moderne Großstadtleben ab, hier haben die bedeutendsten Handelshäuser ihre Niederlassungen, hier fanden vor allem im 20. Jahrhundert die großen politischen Manifestationen eine metropolitane Bühne.

Auf dem zum Nationalmuseum hin leicht ansteigenden Platz wurde am 28. Oktober 1918 die Tschechoslowakische Republik proklamiert. Auch 1948, 1968 und 1989 versammelten sich hier die Massen, um die jeweiligen politischen Wandlungen teils zu beobachten, teils voranzutreiben.

Der Wenzelsplatz erstreckt sich vom Brückl [Můstek] an der Grenze zur Altstadt bis zum Nationalmuseum. Noch zu Beginn des 19. Jhs. war der mit seinen 750 mal 60 Metern größte Boulevard Prags von ein- bis dreigeschossigen Bürgerhäusern gesäumt, erst im 20. Jahrhundert nahm er seinen großstädtischen Charakter an.

Die von Lindenalleen gesäumten breiten Fußwege der Einkaufsstraße sind ein Treffpunkt des jungen Prags mit Besuchern aus aller Welt, und man möchte dem deutschen Dichter Detlev von Liliencron beipflichten, der den Wenzelsplatz als den „stolzesten Boulevard der Welt" bezeichnet hat. Vor 1848 hatte dieser noch nach den alljährlich hier abgehaltenen Pferdemärkten „Roßmarkt" geheißen. Im Revolutionsjahr 1848 schlug der tschechische Journalist Karel Havlíček Borovský die Umbenennung in den heutigen Namen „Wenzelsplatz" vor.

Am oberen Ende des Platzes wurde 1912 die Reiterstatue des böhmischen Landespatrons Wenzel von Josef Václav Myslbek aufgestellt. Eine Reihe denkwürdiger Ereignisse der politischen Landesgeschichte sind mit diesem Wenzelsdenkmal verbunden. Die Prager haben „ihr Pferd" aber auch deshalb so ins Herz geschlossen, weil sie den Platz „unter dem Schweif" als erste Adresse für galante Verabredungen und verliebte Stelldicheins kennen. Schon Babička hat hier in jungen Jahren mit pochendem Herzen – bestimmt nicht an Politik gedacht...

OBEN: Der Landespatron St. Wenzel hoch zu Roß mit Rüstung, Harnisch und Lanze vor dem Nationalmuseum am Wenzelsplatz. Zu Füßen des Heiligen die vier Schutzheiligen Böhmens: St. Ludmilla, St. Prokop, St. Agnes und St. Adalbert.

LINKE SEITE: Prachtvolle Fassaden verleihen dem Wenzelsplatz sein mondänes Aussehen.

OBEN: Der ursprünglich nach dem österreichischen Kaiser Franz Joseph I. benannte Hauptbahnhof wurde in den Jahren 1901-1909 nach Plänen des tschechischen Architekten Josef Fanta erbaut.

UNTEN: Eine letzte Station des alten Habsburgerreichs – Kuppelsaal und Café im Hauptbahnhof.

Die heutige Staatsoper (ehemals Neues Deutsches Theater) wurde in den 1880er Jahren von den führenden Wiener Theaterarchitekten Hermann Helmer und Ferdinand Fellner im Neo-Rokokostil erbaut.

OBEN: Das mehr als 1800 Zuschauer fassende, ausschließlich mit heimischen Baumaterialien errichtete Nationaltheater gehört zu den prächtigsten Neurenaissancebauten Prags.

RECHTE SEITE: Die zwei zylindrischen Baukörper des „Tanzenden Hauses", scherzhaft auch Ginger [Rogers] und Fred [Astaire] genannt, heben sich von der nahezu geschlossenen Belle-Epoque-Architektur in der Umgebung ab.

VOR DEN ALTEN TOREN

DER VYŠEHRAD

Die Zitadelle Vyšehrad, eine barocke Festungsanlage, liegt still und geheimnisvoll auf einem felsigen Vorsprung hoch über dem rechten Ufer der Moldau. Vermutlich hat sich schon im 8. Jahrhundert im Süden der Stadt Prag eine altslawische Burg befunden, die erste schriftliche Erwähnung findet sich jedoch erst in einer Chronik aus dem Jahr 1002. Im Laufe seiner jahrhundertelangen Geschichte war der Vyšehrad Königssitz, Marktflekken, geistliches Zentrum Böhmens (der Propst des Vyšehrad war neben dem Erzbischof der zweithöchste Würdenträger in der kirchlichen Hierarchie des Landes), Barockfestung und Ausflugsziel für ruhebedürftige Großstadtbewohner. In einer Reihe steinerner Denkmäler klingt die bewegte Geschichte des mythischen Berges nach.

LINKE SEITE: Neugotisches Portal zur Kapitel- und Pfarrkirche St. Peter und Paul auf dem Vyše- hrad, mit einer Darstellung des Jüngsten Ge- richts im Zwickel.

OBEN UND LINKS: Auf dem Vyšehrader Friedhof mit dem Ehrenmal Slavín sind bedeutende Per- sönlichkeiten des tschechischen Kulturlebens zur Ruhe gebettet, unter ihnen die Dichter Jan Ne- ruda, Božena Němcová und Karel Hynek Mácha, die Maler Alfons Mucha und Mikoláš Aleš sowie die Komponisten Antonín Dvořák und Bedřich Smetana.

DIE VILLA BERTRAMKA

Ein kleines ehemaliges Weingut im Vorort Smíchov ist in die Musikgeschichte eingegangen: In dem idyllischen Landhaus Bertramka weilte 1787 Wolfgang Amadeus Mozart zu Gast bei seinen Prager Freunden Franz und Josephine Duschek. Hier hat er die Oper *Don Giovanni* vollendet, die am 29. Oktober 1787 im Ständetheater in der Prager Altstadt erstmals zu Gehör gebracht wurde.

Heute ist die Villa ein Museum und die wohl wichtigste Mozartgedenkstätte in Prag. Im Garten des Anwesens erinnert eine Mozartstatue des Prager Bildhauers Thomas Seidan an den Salzburger Komponisten.

Das Lustschloß Troja, eines der prachtvollsten Schlösser des Landes und zugleich das Hauptwerk des böhmischen Barock, wurde in den Jahren 1679-1685 als Sommersitz des Grafen Wenzel Adalbert von Sternberg erbaut. Der Architekt Jean-Baptiste Mathey hat eine dreiflügelige Anlage nach französischem Vorbild entworfen, zugleich aber auch Eindrücke seiner Jahre in Rom umgesetzt. Das Schloß Troja besitzt eine außergewöhnlich schöne Freitreppe mit einer der griechischen Mythologie entlehnten Szenerie, die den Triumph der olympischen Götter über die Giganten veranschaulicht. Der kunstvoll ausgemalte Festsaal ("Kaisersaal") ist mit einer Ahnengalerie des Herrscherhauses Habsburg, mit Szenen aus der österreichischen Geschichte (z.B. dem Sieg der Österreicher über die Türken) sowie mit heraldischen und allegorischen Darstellungen das Zentrum und Herzstück der spätbarocken Schloßanlage.

Die Kirche Maria Victoria am Weißen Berg befindet sich unweit jener Stelle, wo am 8. November 1620 das Heer der böhmischen Stände von den Truppen der Katholischen Liga vernichtend geschlagen wurde.

Das Schloss Stern

Kaiser Ferdinand I. ließ 1530 vor der Stadt einen Wildpark anlegen und diesen von einer schützenden Mauer umgeben. Sein Sohn, Erzherzog Ferdinand von Tirol, beauftragte 1555 Bonifaz Wohlmut das Lustschloß Stern zu erbauen. Für das Renaissanceschloß wurde die eigenwillige Form eines sechsstrahligen Gebäudesternes gewählt: In fünf Spitzen sind rautenförmige Räume ausgebreitet, die sechste Spitze ist für das Treppenhaus reserviert.

Über dem Erdgeschoß mit den wertvollen Stuckarbeiten von Paolo della Stella und den darübergelegenen Wohnräumen öffnet sich in der obersten Etage ein zwölfseitiger, mit Fresken geschmückter und von Gewölbekuppeln bekrönter Festsaal . Es ist der gebührende architektonische Rahmen für die Wechselausstellungen, die in dem Schloß zu Themen der tschechischen Kultur- und Landesgeschichte gezeigt werden.

www.vitalis-verlag.com

© Vitalis, 2014
Hergestellt in der Europäischen Union
ISBN 978-3-89919-187-5
Alle Rechte vorbehalten

Bibliografische Information der Deutschen Bibliothek. Die Deutsche Bibliothek verzeichnet diese Publikation in der Deutschen Nationalbibliografie; detaillierte bibliografische Angaben sind im Internet über http://dnb.ddb.de abrufbar.